土味情話

超神 著

前言

在多年前，網路有流行一個目錄，叫做人生必做的十件事情，那十件事情和老一代洗腦式的教導不一樣，沒有鼓勵一畢業就交對象，也沒鼓勵我們要努力工作。依據不同的人，十件事情也會因此不同，我記憶中，我有一位朋友，他的十件事情中，其中一個就是出一本書，當然他在多年前也完成了。

我是一個理工男生，也是一個合格的鋼鐵直男，在經過多年的職場歷練，我也順利的升等了，升等爲鈦金直男，但隨著年紀，身旁的朋友也漸漸隨著人生機遇，從公司朋友、聚會朋友，慢慢地有逐漸有了歸國朋友，從那些歸國的朋友，我從他們口中學到了撩這個字眼……，再經過了多年琢磨和歷練，我沒有撩到女朋友，但被一個女生給設計了，變成她的男朋友。

我寫這本書的初衷很簡單，這幾年中雖然學了一些撩人本事，但因特殊原因，目前已經不能對她人施展，所以只能透過出書，將此等新式學問傳遞給我等眾多的廣大的兄弟姊妹，希望能幫助大家了解說話的藝術、文字的造詣、還有也希望能幫助到那些不擅長組織語言的兄弟們。

另外，也感激彭媽媽和唐朵集．花植鮮花集成館的徐總幫助，提供了大量的生活照片，讓廣大的兄弟朋友在專研學問時，也欣賞且挑挑付出實踐的合適位子或場合。

目　錄

入門篇

突然看見陌生但令人心動的他（她），我深知不能錯過，一旦這輩子可能就會多了一些遺憾。

第一次見到對方就直接告白，不是說不能，在顏值和資本社會之下，對於顏值一般般的我們，成功機率不是很高反倒驚動警察大哥的機率會更高。

所以建議，適當地保持幽默和距離，對方如果不拒絕與你接觸、交換訊息且延伸至聊天，這就是最難，也是最初的成功。

但就算他（她）拒絕了你，也請不要失落太久，你們本來就是陌生人，世界之大，你至少努力過了。這一次雖然失敗了，如果下次又碰到了，請務必再試一次，或許就成功了呢？

JUST FOR YOU

1.男方：可以請你笑一下嗎？
女方：為什麼啊？
男方：因為我的咖啡（奶茶）忘了加糖！～

2.男方：怎麼辦！～我迷路了？
女方：你要去哪？
男方：通往你心頭的路！～

3.男方：晚餐你想吃什麼？我想要吃麵……
女方：什麼麵？
男方：你的心裡面.

4.女生：你是哪裡人？
男生：你的心上人！！

5.男生：你怎麼了？撞到我了！
女生：不好意思……
男生：撞到我心上了！

.8. 土味情話

6.男生：不好意思！～我有一個小東西不見了，
請問你有看到嗎？
女生：你在找什麼？
男生：你的電話號碼！

7.男生：我最近想買一塊地，你有沒有建議？
女生：什麼地？
男生：你的死心踏地！～

8.男生：太陽一天平均出現12小時，
你知道為什麼嗎？
女生：為什麼？
男生：因為想讓我們日久生情！

9.男生：你知道世界上最美好的三天，是哪三天嗎？
女生：哪三天？
男生：你出生那天、我出生那天……
還有我們在一起的那天.

.10. 土味情話

10.男生：世上那麼多神明，
你知道我最喜歡哪一個嗎？
女生：哪一個神？
男生：你的眼神！～

11.男生：你在幹嘛？
女生：看劇
男生：喔！那……麼……
全世界最帥的男生來找你聊天了～

12.女生：你還懂看手相？
男生：會看一點……你命中富貴，但……
女生：但是什麼？
男生：命中缺少了我！～

13.女生：你有什麼優點？
男生：我很能幹，但有一些小缺點！
女生：什麼缺點呢？
男生：離不開你！～

.12. 土味情話

14.男生：你的臉上有點東西！～
女生：有什麼東西？
男生：有點漂亮～

15.男生：我覺得你好像一款遊戲？
女生：什麼遊戲？
男生：我的世界～

16.男生：你知道喝什麼酒最容易醉嗎？
女生：水果酒？
男生：與妳一起的天長地久！～

17.男生：你知道你和天上的星星有什麼區別嗎？
女生：一樣的閃耀？
男生：星星在天上，而你在我心裡！～

18.男生：你喜歡喝水嗎？
女生：喜歡啊？
男生：那你已經喜歡上70%的我了！～

.14. 土味情話

19.男生：你好眼熟，長的好像我親戚……
女生：誰？
男生：我媽的兒媳婦！～

20.男生：你知道世界上最冷的地方是哪嗎？
女生：北極？
男生：沒有你的地方！～

21.女生：你知道我喜歡吃什麼水果嗎？
男生：我這個開心果！～

22.女生：你有什麼特別的地方？
男生：我特別的厲害的！～搬的動金磚，
扛的住房貸……
男生：但就是扛不住想你！～

23.男生：我最近看一個蠻有意思的電影……
女生：叫什麼？
男生：你的名字！～

FEATHER BEAUTY

24.男生：我昨晚失眠了……
女生：怎麼了？
男生：想你啊！～所以失眠了……

25.男生：我可以叫你米花嗎？
女生：為什麼？
男生：因為我想抱米花！～

26.男生：你猜我是什麼星座？
女生：金牛座？
男生：為你量身訂做！～

27.男生：停一下～你聽看看有沒有什麼聲音？
女生：聽什麼聲音？
男生：我的心正為你跳動！～

28.女生：你挑3樣最喜歡的東西……
男生：第1個是你，剩下的也都是你！～

29.女生：好煩阿！……

男生：人生漫漫，你別想那麼多煩心事？

想我就行了～

30.男生：你知道猴子和我的差別嗎？

女生：不知道.

男生：猴子住在深山裡，而我住在你心裡！

31.男生：你有杯子嗎？

女生：要杯子做什麼？

男生：我要借一杯子！～

32.男生：你知道我的世界不能沒有什麼嗎？

女生：什麼？

男生：不能沒有你！～

33.男生：你知道現在幾點嗎？

女生：你很懶耶！～11點半……

男生：恩……是我們幸福的起點！～

34.男生：你猜你上輩子是碳酸飲料吧？
女生：你才是！～為什麼是碳酸飲料？
男生：我一看到你！～
就開心得冒泡！！～

35.男生：你猜猜我在幹嘛？
女生：打遊戲吧？
男生：不！～
我正在和全世界最漂亮的女生聊天！

36.男生：你喜歡爆米花嗎？
女生：喜歡啊！～
男生：那太好了，我小名是米花！～

37.男生：嗯？…你有沒有聞到燒焦的味道？
女生：沒有阿？
男生：原來是我！～看到你，
我的心就不自覺的燃燒了！

.22. 土味情話

38.男生：我每天都要小跑一下。

女生：在哪跑？

男生：跑去你心裡！～在你心裡跑！

39.男生：以前我三觀很正，但最近歪了。

女生：為什麼？

男生：因為都偏向你了。

40.男生：以前我喜歡流浪，到處看看。

女生：現在呢？

男生：現在只想在你身上定居。

41.男生：時間有分2種。

女生：哪2種？

男生：有你的時光和沒你的時光.

42.男生：這是手指，這是鼻子

女生：恩？

男生：這是彼此（手比個心）

43.男生：我胸好悶啊……

女生：怎麼了？

男生：你卡我心頭上了……

44.男生：看到妳後！～我要去學游泳了.

女生：哦？

男生：我陷入愛河了！～不能自拔！

45.男生：你的眼睛又大又漂亮，

我想我知道你的星座了！～

女生：什麼星座？

男生：仙女座.

46.男生：這工作其實很苦的.

女生：哦？

男生：但自從你來了，

苦都不太苦，甜都特別甜.

47.男生：你計畫何時結婚？
女生：順其自然吧！？
男生：在下小名自然，那你就順其吧！

48.男生：燒烤時，喜歡先烤肉還是先烤海鮮？
女生：先烤肉吧！？
男生：要不，先考慮我吧.

49.男生：晚睡，別人總以為我在熬夜.
女生：不然勒？
男生：其實我在想你.

50.男生：我之前有練過，看人很準的！～
女生：那你看我呢？
男生：你是我愛的人.

51.男生：用鐵棒和木棒打你頭，哪個最疼？
女生：套路！～那肯定是頭啦！～
男生：不……是我的心最疼……

52.男生：你這衣服是什麼料做的？（手指衣服）
女生：棉的？
男生：不對，我看是做女朋友的料.

53.男生：如果你是春茶，那你知道我是什麼嗎？
女生：不知道.
男生：熱水，這樣才能泡你.

54.男生：你知道，如果我曬黑了能做什麼嗎？
女生：不知道.
男生：這樣就能暗中保護你.

55.男生：我想變成一陣風？
女生：為什麼.
男生：因為我想撩一撩你.

56.男生：我告訴你怎麼減肥最有效，如何？
女生：好啊.
男生：把你心思放我身上就可以了.

57.男生：這裡地段良好，適合蓋飛機場.
女生：是嗎？
男生：不然我今天怎麼一看到你，心就飛了.

58.男生：你知道世界上最好看的是什麼嗎？
女生：什麼？
男生：你......

59.男生：你會彈吉他嗎？
女生：不會啊？
男生：那你為什麼可以撥動我的心弦呢？

60.女生：你是個好人
男生：你確定嗎？～那如果我是個壞人呢？
女生：嗯！？
男生：不過如果你可以親我一口，
那我就會變好了！～

FEATHER BEAUTY
FEATHER BEAUTY
FEATHER BEAUTY
FEATHER BEAUTY
FEATHER BEAUTY

61.女生：這麼遠，你也能認出我啊？
　男生：可以，即使在千萬的人海之中，
　　　　我也能一眼找到你……
　男生：因為別人是走在路上，
　　　　你是走在我心頭上！～

62.男生：你在哪裡呢？
　女生：剛回到家阿。
　男生：是嗎！～但你怎麼還在我的心裡呢？

63.女生：你相信算命嗎？
　男生：會參考，算命老師的怎麼說？
　女生：老師說我旺夫，你要不要驗證一下？

64.男生：用一句成語來形容你.
　女生：哪一句？
　男生：近朱者赤，近你者甜？

65.男生：你是屬兔吧？
女生：不是阿.
男生：不然怎麼一直在我心頭上跳？

66.男生：我肯定最近鹽巴吃多了.
女生：哦？
男生：不然我怎麼最近會鹹的想你！！

67.女生：你想幹嘛？
男生：我沒有惡意，只是喜歡你.

68.男生：在嗎？
女生：不在！
男生：漫漫長夜無心睡眠，我們來聊天吧？

69.男生：有空嗎？
女生：怎麼拉！
男生：你過來一下，我有個天想跟你聊一下.

Happy everyday

70.男生：我的心思很好猜

女生：哦！

男生：除了打遊戲就是你......

71.女生：你會喝酒嗎？

男生：會阿，而且我酒量很好。

男生：一口氣可以喝一打啤酒、半斤高粱

或者你的4兩微笑！

72.女生：你覺得我有魅力嗎？

男生：魅力我不曉得～但我感覺你有種魔力......

男生：讓我無時無刻為你著迷！

73.男生：你夾娃娃很厲害吧！！

女生：還好！～

男生：但你已經緊緊夾住了我的心！

74.男生：問你一個問題，情人節你打算跟誰過？
女生：不知道！～
男生：你怎麼知道我叫不知道！？

75.男生：動物園，有一天老虎把獅子給綠了！！
你知道老虎後來說什麼嗎？
女生：不知道！
男生：老虎說「我有綠獅資格證」.

76.男生：我錯了
女生：錯哪了？
男生：我以為連假前見你，
連假中就不會想你了......

77.男生：七月的風、八月的雨、九月的星空，
卑微的我喜歡遙遠的你.
男生：你還未來，我怎敢老去？
男生：未來我將與你奉陪到底.

78.男生：時間好快！
女生：啊？
男生：我們分開回家時，我感覺如隔三秋.
男生：你朝我笑時，我又感覺三秋如一日.

79.女生：你覺得我很胖嗎？
男生：胖啊.
男生：要是不胖，
你在我心中的分量怎麼會這麼重.

80.男生：認識你之後，我有2個心願！
女生：恩？
男生：你在身邊，在你身邊！～

81.男生：你今天遇到我，算是攤上大事了！
女生：怎麼樣的大事？
男生：妳在終身大事！～

82.男生：你是那裡的？

女生：桃園的！～

男生：不！你是我的.

83.男生：如果有一天你迷路了，

你會下意識向左走還是向右走？

女生：我會查Google

男生：那太麻煩了！～向我走就好.

84.男生：當你生氣時最喜歡用什麼水果？

女生：榴槤！

男生：錯！～香蕉你的拔辣.

85.男生：你知道什麼動物最安靜嗎？

女生：不知道！

男生：大猩猩，因為他生氣會敲咪咪.

86.男生：你知道減肥要看什麼片子嗎？

女生：什麼片子！

男生：功夫片，因為他們常說你給我瘦死吧.

87.男生：有一天食人族抓到了打互族，
卻又把他放了，你知道為什麼嗎?

女生：不知道！

男生：因為他說打互族太苦了.

88.男生：有一天小蚯蚓問媽媽，
你知道爸爸去哪了嗎?你知道嗎?

女生：不知道！

男生：媽媽說爸爸去釣魚了.

89.男生：小明的老師指著一具屍體說，
你們想對他說什麼?

男生：小王說「她生前是個偉大的科學家」.

男生：小白說「她生前是個有錢的資產家」.

男生：小明說「看~他動了！！」.

90.男生：考考你，1+1=多少?

女生：2

男生：1隻公貓+1隻母貓=3..456隻貓貓.

破冰篇

認識他（她）許久了，雖然還不到男女朋友的地步，但該怎麼把他（她）變成我的對象呢？

適當的展現幽默和出色的一面，有助於提升在他（她）在淺在心理上的位子，或許還會意外被他（她）的好友給神助攻。

展示幽默時，千萬別用帶顏色的段子或笑話，除非你只想和他（她）做一輩子的好友，但可是適當的帶入你的生活和世界，讓他（她）在正確的方向中認識你。

切記～你們間的方向（心理定義）是最重要的，千萬別用閨蜜或知心好友的名義留在他（她）身上，這機率就像小王（小三）上位，不見得都是不好的結局，但成功案例少，能細水長流的更少。所以寧可讓他（她）猜測你的意圖，也不要用知心好友的招式，而且當對方願意思考你這個人時，你們才能算是剛開始。

91.男生：你有男朋友嗎？
女生：沒有？
男生：那恭喜你！～現在開始有了！～

92.男生：我正式宣布
女生：宣布什麼？
男生：咱倆的友情正式結束，該發展成愛情了.

93.女生：你和別人有什麼不同？
男生：別人是喜歡你，我是只喜歡你！！

94.男生：你幫看一下，我眼睛有沒有異常？
女生：沒有阿？
男生：你再仔細看看！～是不是只有你？

95.男生：請你管好你的嘴？
女生：怎麼了？
男生：因為我隨時會親她！～

96.男生：恩！？我今天多了一個超能力……

女生：什麼超能力？

男生：超級喜歡你！～

97.男生：我正式宣布！～

男生：我喜歡你超過2分鐘了

男生：不能撤回.

98.男生：給你猜我愛打遊戲還是看電影？

女生：打遊戲吧？

男生：不……愛你！～

99.女生：生日快樂！～

男生：我的願望很簡單……

就是能和你在一起！～

100.男生：我對女朋友的要求只有一個.

女生：什麼要求？

男生：必須是你！～

101.男生：你今天工作順利嗎？我忙翻了.
女生：忙什麼？
男生：忙著想你......

102.男生：我覺得我好自私.
女生：怎麼說？
男生：我都不給其他女生機會，
只喜歡你一個人。

103.男生：你知道嗎？天是藍的，水是涼的.
男生：你是我的.

104.男生：我以前很多愛好的，但現在只剩一個.
女生：哪一個？
男生：只愛你一人！～

105.男生：你的存在就像空氣一樣。
女生：什麼意思？
男生：沒你！～我活不下去！～

106.男生：我們現在是朋友嗎？
女生：是阿！～
男生：那現在開始不是了，
恭喜妳升等為我女朋友！～

107.女生：你知道我在想什麼嗎？
男生：想我做妳老公！！～
女生：你知道你在說什麼嗎？
男生：當然是說服你做我老婆！～

108.男生：我想你了
女生：有多想？
男生：想到那種必須要親親才能解決的那種！

109.男生：小時候，我想成為政治家，
但我現在想法變了.
女生：變成什麼？
男生：想和你成家～！

110.男生：我想去做快遞～！
女生：為什麼？
男生：這樣才能跟你說……
男生：「你好！～你的寶貝到了！～
請過來娶一下」

111.男生：你知道為什麼早上起床，
總是口乾舌燥嗎？
女生：為什麼？
男生：因為欠吻阿.

112.男生：你把手拿過來一下？
女生：幹嘛？
男生：我想牽一下女朋友的手.

113.女生：再見了.
男生：你笑起來很可愛！～
男生：你的酒窩沒有酒，但我卻醉得像條狗.

114.男生：我想咬你！

女生：為什麼要咬我？

男生：我想咬你，看看你是什麼做的？

男生：那麼可愛！～

115.男生：中午了，我要叫外送，你想叫什麼？

女生：不知道.

男生：叫「男朋友」如何？

116.男生：我喜歡和你一起看電影.

女生：哦！？

男生：電影好不好看我不知道？

但你是真的好看！～

117.男生：我覺得我們的友情只能到今天，

來談一下吧.

女生：！？

男生：接下來談一下我們的愛情.

118.女生：今天天氣很好.
男生：恩……出太陽了.
男生：適合親親抱抱~

119.男生：中招了.
女生：中什麼招？
男生：我們中邱比特的招了，和我交往吧.

120.男生：我其實是一個不好親近的人.
女生：會嗎？
男生：不信，你親一下.

121.男生：我跟別人不一樣.
女生：哪裡不一樣？
男生：別人是想睡你，我是想跟你賴床.

122.男生：我可以親口跟你說晚安.
女生：可以！
男生：可以啊！~那先親一口.

123.男生：別喝飲料了.
女生：為什麼？
男生：親我，我嘴比飲料更甜.

124.男生：母親節快樂
女生：我還沒男朋友呢
男生：不！~現在有了！~而且……
你可是我未來的孩子……他媽！

125.男生：糟糕，我低血糖.
女生：怎麼辦？
男生：你快跟我說幾句甜言蜜語.

126.男生：冬天到了，想喝點什麼？
女生：有沒有什麼推薦？
男生：不知道，呵護妳吧.

127.男生：我要洗一個東西，妳能幫忙嗎？
女生：好啊，洗什麼？
男生：喜歡妳.

128.男生：我有一個一生只能說一次的建議？

女生：什麼建議？

男生：建議這輩子我們在一起吧.

129.男生：我最近有點忙？

女生：忙什麼？

男生：忙喜歡你啊.

130.男生：我是個好人……但面對你時……

女生：恩？

男生：我不僅善解人意，也善解人衣.

131.男生：我懷疑你的本質是一本書？

女生：為什麼？

男生：不然為什麼會讓我越看越想睡.

132.男生：我對你的愛，就像……？

女生：像什麼？

男生：就想拖拉機上山，轟轟烈烈的.

133.男生：我對你的愛，就像……？

女生：像什麼？

男生：我對你的愛猶如滔滔江水，連綿不絕，源源不斷.

134.男生：你喜歡我嗎？

女生：還行吧？

男生：喜歡我要跟我說，我又不是不負責任.

135.男生：你知道嗎？

女生：知道什麼？

男生：這是手心、這是手背、你是我的寶貝.

136.男生：你知道嗎？

女生：嗯？

男生：我的嘴裡有情話，身上有陽光，腳下有過去，腦裡有未來.

男生：而心裡只有你.

137.女生：我有點迷惘，
你有想過你在追求的是什麼嗎？
男生：我想要的很簡單
男生：我想要追求你！～

138.男生：我有一句話想說？
女生：什麼話？
男生：我愛你，願餘生有你，餘生都是你.

139.男生：我很幸運.
女生：如何幸運？
男生：在正確的時間，遇到最好的你.
男生：我為自己的幸運感到慶幸.

140.男生：我喜歡緊緊抱住你的那一刻.
女生：為什麼？
男生：因為抱住你的那一刻，
我感覺我得到了全世界.

141.男生：今天累嗎？

女生：累ㄚ？

男生：累了～就到我懷裡來躲躲.

142.男生：我給你一個建議？

女生：什麼建議？

男生：建議你和我在一起.

143.男生：你是魚，我願成水，讓你游進我心裡.

男生：你是鳥，我願成天，把你裝進我心裡.

男生：但如果你是碗，我願成泡麵，
天天和你泡在一起.

144.男生：這世上所有美好的東西都一樣！！

女生：怎麼個一樣？

男生：夏天的冰淇淋、冬天的大衣、
夜晚的星星.

男生：以及這是獨一無二的你.

145.男生：人呀！～在經歷過事情後！
～總是會變的！
女生：對呀？
男生：我從一開始喜歡你，
到後來變得更喜歡你.

146.男生：好累ㄚ！～我不行了！
男生：我有2個心願希望你可以滿足我嗎？
女生：說吧？
男生：第一個是希望你在我身邊.
男生：第二個是希望我在你身邊.

147.女生：我們不是一路人.
男生：不要急，你先去讀你的書，
我也先去看我的電影.
男生：總有一天，我們會再一起，
讀同一本書，看同一場電影.

148.女生：你感覺我如何？

男生：我這個人十分很簡單！
喜歡一個人是藏不住的！
即使不說出口，眼睛也藏不住的.

男生：我喜歡你，千真萬確，從一而終.

149.男生：你的青梅竹馬不是我、
情竇初開也不是我.

女生：恩……

男生：但願之後的細水長流是你、
柴米油鹽是你、白首共行也是你.

150.男生：你還記得我們認識多久了？

女生：想一想還挺久了.

男生：對啊！～想起認識你的第一天，
我就被你的眼神征服.

男生：那時我就知道，
我這輩子已經是你的俘虜了.

151.男生：我喜歡妳.

女生：妳有多喜歡我？

男生：我雖然認識妳時間不長.

男生：但喜歡妳的程度，

大概就是想和你過完這不長也不短的一生.

152.男生：我感覺我好幸運。

女生：怎麼說？

男生：往年我會祈求上天，賜與我幸福.

男生：但直到我遇見了妳，

我知道我得到了幸福.

153.女生：我餓了，你想吃什麼？

男生：我餓的時候，第一時間是先找你，

然後看著你。

女生：為什麼，是我挑的都很好吃？

男生：那自然是因為你十分美麗，秀色可餐！

154.男生：好感嘆呀……

女生：時光飛逝？

男生：對呀，小時候我的目標是成為首富，

現在我只想與妳成家.

155.男生：你知道嗎！

女生：恩？

男生：天空本來是一種風景，

可是遇見你之後，他變成了一種心情.

156.男生：我感覺你取的名字都少了一味！

女生：大家都這麼說.

男生：你的稱呼由我來定吧，就叫做老婆.

157.男生：你爸媽沒教妳禮尚往來嗎？

女生：有呀！

男生：我喜歡你！～做為回禮你得親我.

158.男生：你好，能不能借你一生說話？

女生：恩！？

男生：如果可以，我想在你心裡住，
跟你說一輩子的話.

159.女生：你覺得我漂亮嗎？

男生：跟范冰冰相比嗎？

男生：在廣大的人群之中，
我不敢說你是最漂亮的.

男生：但在我心裡，你是最耀眼的.

160.男生：真羨慕你？

女生：羨慕什麼！

男生：上帝在造你時，
一定是把糖罐子打翻了。

男生：所以才讓你長得這麼甜美.

加速篇

交往了這麼久了？他（她）是怎麼想的？怎麼跟個木頭一樣都沒反應？
我想與他（她）更進一步，不知道他（她）是怎麼想的，該怎麼暗示他（她）呢？

雖然有人是純純的戀愛，沒有步入婚姻的打算，可是凡能交往一陣子的對象，某種程度上都是認可你的，就不必過度擔心對方的毒舌和犀利言語。

關係經營是長久交往的必備，不存在老夫老妻就沒有甜蜜這一學說，如果真有，那也只是轉換成他（她）們之間獨特的方法，像是一個眼神、一個口頭禪，也可能是一個動作上默契。

但是舊火爐也需加新柴，在生活中適當的撩一下、油膩一下他（她），不用管適不適合，只要內容沒有攻擊性又幽默，這都可以保持又或者升溫你們之間的感覺，更是可以加速兄弟們之後進展。

161.男生：我覺得妳不適合談戀愛？

女生：為什麼？

男生：適合結婚……和我.

162.女生：我食量很大，你會嫌棄我的

男生：我家什麼都沒！～但飯管飽……

163.（男生突然走開）

女生：你要去哪？

男生：我去買戒指，娶妳.

164.男生：我有一個壞消息

女生：什麼壞消息？

男生：我對你的思想已經不單純了……

165.男生：我發現一件事？

女生：什麼事？

男生：不管今天有多糟糕、多悽慘，

但只要有你的一個微笑，

就感覺其實也沒這糟糕.

166.男生：猜猜我在幹嘛？

女生：在打遊戲吧？

男生：我在和我老婆聊天！～

167.男生：你真好看！

女生：感謝你的誇讚.

男生：這不是在誇讚你，這是在描述你.

168.男生：你知道我和唐僧的差別嗎？

女生：不知道？

男生：他是取經，我是娶妳！

169.男生：人是會變的？

女生：怎麼變？

男生：從一開始喜歡妳，變的更喜歡你！

170.男生：天冷了！

女生：恩......變天了！～

男生：那要不要到我懷裡來取暖！～

171.男生：想讓你爸媽開心嗎？
女生：想阿.
男生：想就帶我回家！～

172.女生：下次見！～81！～
男生：長街十里，走馬一程，願都是與你.

173.男生：你知道世界上最溫暖的三個字嗎？
女生：哪三個？
男生：從你口中說出的「我愛你」.

174.男生：天空不打雷…好煩呀！
女生：煩什麼？
男生：找不到理由往你懷裡鑽！～

175.男生：天氣冷了.
女生：恩.
男生：給你三個選擇，你上我床、我上你床
或 我們一起上床.

176.女生：我覺得我好沒有出息.
男生：怎麼說？
女生：我只想花你的錢，睡你的床，
當你的老婆.

177.男生：認識你這麼久，幫你的報酬是什麼？
女生：......
男生：除了小姐的美色，我不接受任何誘惑.

178.女生：喜歡是什麼感覺？
男生：你是說喜歡你是什麼感覺嗎？
男生：大概就是乍見心歡，小別思念，
久處仍心動.

179.男生：遇到你之前，
我對未來有很多很多的要求？
男生：但遇到你之後......
女生：恩？
男生：遇到你之後，我只要求是你.

180.男生：我有一個大膽的想法.

女生：什麼想法?

男生：你這輩子願意和我在一起嗎?

181.男生：你知道嗎?

女生：恩?

男生：你的唇是我吃過最好吃的軟糖.

182.男生：你知道你已經把我的心給弄亂了嗎?

女生：哦?

男生：那你什麼時候來把我的床給弄亂?

183.男生：你知道對我最重要的事情是什麼嗎?

女生：不知道?

男生：是我問題的第一個字!~

184.男生：你知道我會什麼要不斷提高自身嗎?

女生：因為追求嗎?

男生：不，因為這樣才能為你遮風避雨.

185.男生：我見過你好多樣子.

男生：但唯獨有一種樣子，
我特別想見卻沒見過.

女生：哪一種？

男生：你穿上婚紗嫁給我的樣子.

186.男生：我見過你穿過很多種衣服.

男生：唯獨有一種，我特別想見卻沒見過.

女生：哪一種？

男生：你願意為了我，穿婚紗嗎？

187.男生：考考你，古人云......

男生：古人鑽木幹嘛？

女生：取火阿.

男生：不對，娶妳.

188.男生：唉！～好無聊！要不我們來打架？

女生：打架！？

男生：對！～就是那種從床頭到床尾的那種！

189.男生：你知道嗎？
女生：恩？
男生：你是我的口中情、眼中喜、
心中愛、意中人.

190.男生：最近都沒有有趣的活動？
女生：對呀！～好無聊？
男生：還好，在我身旁有如此可愛的你.
男生：讓我覺得這日子也不是那麼無趣.

191.男生：妳會做飯嗎？
女生：不太會，但外面吃的多啊，
不會做也沒關係.
男生：那以後我來做飯，
妳的胃和人就由我來養了.

192.男生：你知道嗎？
女生：恩？
男生：你是妖豔迷人、我是帥氣逼人，
我們相愛就是命中註定.

193.男生：人生真的好奇妙嗎？

女生：奇妙什麼？

男生：一生這麼長，大家都需要找一人做伴，
說說廢話，做做傻事，
然後一起過完這一生.

男生：對我來說，那一人是你.

194.女生：吃完晚餐後要去哪？

男生：去喝點？

男生：放心我酒量很好的，千杯不醉，
唯獨只醉心於你.

195.男生：今天好冷？

女生：冷就多穿衣服！

男生：天氣雖冷，但愛你的心永不降溫.

196.女生：說說你這輩子非做不可的事情？

男生：這輩子沒有非做不可的，如果有，
那就是愛你.

男生：愛你到海枯石爛～天荒地老！～

197.男生：你願意答應我嗎？

男生：如果你不願意就搖頭！～

男生：但假使你願意，

我會用畢生的時間陪你常相廝守，

至死不渝.

男生：讓你忘記孤獨和寂寞的滋味.

198.女生：你想跟我說什麼？

男生：如果你願意，餘生我只想牽你的手.

男生：從天光乍破走到暮雪白頭.

199.女生：你這輩子做過最瘋狂的是什麼？

男生：我這輩子最瘋狂的事，就是愛上你.

男生：愛上你，希望有你陪我瘋一輩子.

200.男生：和我交往吧，我喜歡妳.

女生：你多喜歡我？

男生：假使妳願意答應，

送妳一個波瀾不驚的愛情.

男生：陪妳看過世界的風景，

再許妳一世的歡笑與盛事容顏.

201.男生：妳好！～百忙之中打擾妳.

女生：怎麼了？

男生：我生病去醫院看病，醫生有說到……

男生：我得了相思病，

需要和喜歡的人每天熱吻1次、

熱情擁抱1次.

男生：外加永恆的相愛一輩子，

我想這只有妳能幫助我了.

202.男生：妳知道嗎！

女生：恩？

男生：遇見妳是無意、認識妳是天意、

想著妳是情意.

男生：看不到妳，我三心二意，看到妳，

我一心一意.

男生：如果某一天我有了退意，

請妳對我不離不棄.

203.男生：你知道嗎？

女生：恩？

男生：我是海王、你是海后，

我們相愛就是為民除害.

204.女生：你生活圈好大，假日一定十分忙碌?
男生：我看過山川、看過湖泊、
看過星空但是看過這廣大世界之後，
我發現我的世界什麼都有，
但就是少了你.
男生：你願做我的深山中的虎大王、
湖泊中的水中嬌嗎?

205.男生：連假要去迪士尼嗎?
女生：為什麼是去迪士尼?
男生：我們不去，那就沒有公主了.

206.男生：世間險惡，沒有人會無故地對你好！
女生：對阿?
男生：我所有對你的關心，
都是來自於我對你的喜歡.

207.女生：你還會愛上別人嗎?
男生：會！～而且他不但愛我，
也愛會你！～
男生：最意外的事！～他還會叫你媽媽！

208.男生：我喜歡你！
女生：恩？
男生：我喜歡三月的風、四月的雨、
浪漫的日落和可愛的你.

209.男生：生日快樂！
女生：謝謝你！～
男生：我挑了很久！～
但都沒找到能配得上你的禮物，
所以我決定把我自己送給妳當禮物.

210.（男生突然走開）
女生：你要去哪？
男生：去娶妳.

211.男生：你又被你媽念了呀！？
如果被念煩了就來找我！！
女生：找你有用嗎？
男生：有呀！～與其你給人家做女兒！～
不如給我做老婆.

212.男生：你可能不知道？

女生：恩？

男生：世人所說的海枯石爛太遠，
山盟海誓太大阿.

男生：我只願和你做一條線上的螞蟻，
一條愛情鎖上的囚徒.

213.男生：今天忙的好沒有意義？

女生：工作就是這樣！

男生：但直到碰到你，今天才算有意義.

214.男生：如果有一天你想不想飛上天！

女生：當然想！～

男生：那簡單，你跟我在一起，
我把你寵上天！

215.男生：跟你在一起，我的手機就很省電！

女生：為什麼？

男生：因為你的眼睛會放電！
每次都電的我不要不要.

216.男生：我想一下！～
總覺得剛剛在想一件很重要的事情.
女生：想什麼？
男生：恩！～我在想我應該是為了和你相見
才誕生於世的！～

217.男生：你知道理想的生活是什麼嗎？
女生：不知道？
男生：是你管著我，我慣著你，
這就是理想生活！

218.女生：早安～
男生：早安～昨日聽說了～
男生：聽聞女俠治家有方？
男生：小子余生願聞其詳......

219.男生：天冷了！～有什麼事！
到我被窩裡說吧.
女生：......
男生：天冷阿！

修補篇

他（她）太可惡了！他（她）怎麼這麼說？但我不想就這樣破壞這關係，我該怎麼圓（反轉）回來？

老前輩們常說衝動是魔鬼，這句話不假，但是當他（她）還在氣頭上時，能說的、不能說的，都說了，也造成了傷害，但身爲另一半，雖然生氣，但想到未來，在生氣也要讓對方消消氣，可是這時候講理是找死，所以幽默反擊應對就是對策之一。

當對方在盛怒之下，開始了言語攻勢，兄弟們，你想想有沒有一種方式是在對方罵人罵到一半接不下去了，又或者開始笑場，想想就有趣。

沉默是金，兄弟會想，對方是爲我好，只要方向是對的，那就給她念，最後再回一句下次改，這樣就完美收場，但這招只能用幾次，用多了會傷感情，對方會覺得你太敷衍，有些還會亂想你是不是有新歡，所以如果有天發現對方開始查你的行蹤，這時請注意，是你的沉默給了她亂想的空間。

220.女生：你這魔鬼！

男生：若我是魔鬼，那也是愛你的淘氣鬼！

221.女生：你說你錯了沒！？

男生：是！～你是對的，我是錯的.

男生：但你是我的.

222.女生：你太可惡了，今天不是你死就是我死……

男生：是啊！～你可愛死了！～我愛死你了.

223.女生：你是不是覺得我很麻煩？

男生：對，喜歡你是一件很麻煩的事情？

男生：但我偏偏喜歡找麻煩.

224.女生：你還想幹嘛？

男生：我沒想幹嘛，只是又想你了.

225.女生：如果有一天，我和你媽掉入河裡，
你會去救誰？
男生：什麼河？愛河嗎？我會先救你的！
男生：我媽有我爸去救！！

226.女生：分手！～
男生：可以！～東西一人一半
女生：同意，你先挑
男生：你！～就要你！～非你不可！～

227.女生：你是不是愛上別人了？
男生：對！～我愛上別人了！～
男生：我不但愛上別人了～
還要讓他叫你媽媽！

228.女生：我是不是常常抱怨？
男生：對，這要改.
女生：那你找別人吧.
男生：改成一邊抱怨一邊抱我.

FENDI
ROMA

229.女生：你最近有點忙呀！
男生：是呀！～
除了忙工作，剩下就是忙著喜歡你.

230.女生：你是不是很看不起我？
男生：你知道你是誰嗎？
男生：你可是我親自挑選的未來孩子他媽.

231.女生：你從哪時候喜歡我的？
男生：喜歡你是從月老開始，
直到孟婆結束.

232.女生：你當我是什麼？
男生：當你是我老婆！～老婆我錯了……

233.女生：你都不陪我，一直在加班.
男生：加班是因為我想帶你到全世界.
男生：用全世界的語言說「我愛你」！

234.女生：有什麼話不能電話說的？
男生：我想親口跟你說.
女生：說吧.
男生：那先親一口，再說吧.

235.女生：我這麼忙，你會不會不在乎我了？
男生：你知道我身高為什麼比你高嗎？
女生：不知道？
男生：你放手去做，天塌了有我頂著.

236.女生：你變了......
男生：人都是會變的，你得理解......
男生：別人我不熟，我從一開始的喜歡
現在......變的更加喜歡你！

237.女生：你是不是外面有人了，你不愛我了......
男生：你近視啊？你2隻眼睛還不夠用阿？
男生：不然～怎麼看不出來我多愛你。

238.女生：喜歡能當飯吃嗎？

男生：你說的沒錯，喜歡是不能當飯吃，
但是......

男生：但是......可以讓飯很好吃！～

239.女生：你挺能說的阿？

男生：不，這情話是看的.

女生：看書的呀！

男生：但想說給你聽是真的.

240.女生：你又遲到了！

男生：我知道我遲到，所以我用跑的過來.

男生：能讓我跑這麼快的，除了下雨外，
就只有你了.

241.女生：你還有什麼要解釋的嗎？

男生：我沒有什麼華麗的言語，
也沒有帥氣的顏質，
但想給你簡單又不一樣的幸福.

男生：希望你能夠給我再次解釋的機會.

242.男生：怎麼啦，還皺眉頭了.
女生：心情不好.
男生：快說，比起天黑和鬼，
我更害怕你心酸皺眉.

243.女生：我實在猜不透你在想什麼？
男生：我的心思很好猜.
男生：除了工作賺錢，剩下的都是你.

244.男生：啥？
男生：你問我為什麼不回你訊息，
妳這是在懷疑我嗎？
男生：我這人很簡單，不是忙著發財，
就是在前往你身邊的路上.

245.女生：你愛我嗎？
男生：你居然問我愛你嗎！？
男生：我愛你的程度大概就是再遇見你
100次！！～也會再淪陷100次.

246男生：你別生氣了.
男生：我每次和妳吵架完，都很後悔……
男生：其實我目的很單純，
就只是想讓你多在意我.

247.男生：親愛的，你還在生氣嗎？
男生：我剛剛去醫院看病了，醫生說了……
男生：我得了相思病，
需要每天服用妳的3個香吻和1
個熱情擁抱.
男生：求妳了！

248.女生：你變了，你以前都不會對我生氣的.
男生：哪不會生氣，但不都是因為喜歡你.
女生：那你現在不喜歡我了……還對我兇.
男生：那是因為更喜歡你了！～

249.女生：你每次一忙就把我忘了……
女生：你知道昨天是什麼日子嗎？
男生：是我愛了你一天的日子.

250.女生：我們之間沒有話可以說了.
男生：聽我說，如果妳覺得我們感情淡了，
我們可以再培養.
男生：如果無話可說，那就找新話題.
男生：如果覺得膩了，那我們就重新認識.
男生：在人潮洶湧的時代，要遇到妳不容易，
所以我不想與妳分開.

251.女生：你為了工作都快把我給忘了，
我是在守活寡嗎？
男生：我這樣說吧，天空是因為陽光照耀，
所以蔚藍～
男生：大地是因為春雨滋潤，所以茂盛～
男生：海洋是因為海風拂吹，所以寬廣～
男生：而我～是因為有你的支持，
所以才能混的風生水起。

252.女生：你為什麼又遲到了，你總是遲到.
男生：抱歉，我剛剛在床上做了一個夢.
男生：夢到我今天不但沒有遲到～
你還特別親了我！！

FEATHER BEAUTY
FEATHER BEAUTY

253.女生：很抱歉，你跟我在一起想必是十分無聊.

女生：所以你才一直在偷看別的女生？

男生：不存在的，這是一個重大誤解.

男生：不管是當初還是現在，我們在一起，
這事情是在以前光想想都覺得能偷著樂的.

男生：甜不可言，樂不可支，彷彿夢幻，
猶如雲端，你能明白那種感覺嗎？

254.女生：你說.

女生：你這麼久都不給我消息，
是不是外面有人了？

男生：如果……你想我了，就發個消息，
別忍著，因為其實我也在想你.

255.女生：你什麼意思……嫌棄我又胖又笨.

男生：算你有自知之明，你跟那些名門相比，
就是漂亮了一點.

男生：溫柔了一點、聰明了一點、
賢惠了一點，還有愛我多了一點.

ONE FLORA

256.男生：好了嗎？我們時間要來不及了.
女生：化個妝，催什麼......
男生：你化了妝是仙女下凡，
不化妝是天生麗質.
男生：要給別的路人留點活路呀！

257.男生：女人，你最好答應我，
留在我身邊.
女生：我不要......
男生：那未來......
我這輩子最大的幸運是認識你，
而最大的不幸是之後不能和你在一起.
男生：那未來......也許你會遇見你深愛的人，
但不會再遇見第二個比我更加愛你的人.

258.女生：你為什麼又遲到了，你總是遲到.
男生：抱歉，我剛剛在床上做了一個夢.
男生：夢到你給我罰跪，所以我直到你
氣消了，我才敢醒來.

國家圖書館出版品預行編目資料

土味情話／超神著. --初版.--臺中市：白象文化事業有限公司，2024.05
面； 公分
ISBN 978-626-364-282-9（平裝）
1.CST: 兩性關係 2.CST: 說話藝術
544.7 113002157

土味情話

作　　者　超神
校　　對　超神
發 行 人　張輝潭
出版發行　白象文化事業有限公司
412台中市大里區科技路1號8樓之2（台中軟體園區）
出版專線：（04）2496-5995　傳真：（04）2496-9901
401台中市東區和平街228巷44號（經銷部）
購書專線：（04）2220-8589　傳真：（04）2220-8505
出版編印　林榮威、陳逸儒、黃麗穎、水邊、陳媁婷、李婕、林金郎
設計創意　張禮南、何佳諠
經紀企劃　張輝潭、徐錦淳、林尉儒
經銷推廣　李莉吟、莊博亞、劉育姍、林政泓
行銷宣傳　黃姿虹、沈若瑜
營運管理　曾千熏、羅禎琳
印　　刷　基盛印刷工場
初版一刷　2024年5月
定　　價　300元